Dennis Kuhlmeier

66 Spielideen Spanisch

einfach, kreativ, motivierend

Gedruckt auf umweltbewusst gefertigtem, chlorfrei gebleichtem und alterungsbeständigem Papier.

1. Auflage 2017

Covergestaltung: Daniel Fischer – Grafikdesign München
Umschlagfoto: Rudie/fotolia.com
Illustrationen: Julia Flasche, Steffen Jähde, Thorsten Trantow
Satz: Typographie & Computer, Krefeld
Druck und Bindung: Kessler Druck + Medien GmbH, Bobingen
ISBN 978-3-403-**07950**-7
www.auer-verlag.de

Unterricht schüler-, kompetenz- und handlungsorientiert nachhaltig zu planen, zu gestalten, durchzuführen sowie abschließend auszuwerten, sind unverzichtbare Prinzipien und Routinen eines modernen Spanischlehrers. Um den immer weiter wachsenden Qualitätsansprüchen an guten Unterricht Rechnung zu tragen, bedarf es einer großen Bandbreite an didaktischen Methoden und Kniffen, um das festgesetzte Lernziel zu erreichen.

Da moderner Spanischunterricht das Ziel verfolgt, Schülern[1] Sprache und Kultur in all ihren bunten Facetten näherzubringen, bedarf es verschiedener Lehrmethoden und -wege, um die zu lernenden Aspekte möglichst schnell und verständlich zu vermitteln und einzuüben. Mit dem Paradigmenwechsel der „kommunikativen Wende" gegen Ende der 70er Jahre erwuchs die Forderung nach einem kommunikativ ausgerichteten Unterrichtsgeschehen zwischen Lehrperson und Schüler, um insbesondere die funktionale Kernkompetenz des Sprechens näher in den Fokus zu rücken.

Damit das Fremdsprachenlernen spannend, motivierend und bereichernd bleibt, eignen sich für die Planung und Durchführung von Unterrichtseinheiten unter anderem didaktisch zielführende Spiele. Der Einsatz von spielerischen Ideen im Unterricht bietet sowohl Schülern als auch Lehrern zahlreiche Vorteile:

- Spiele schaffen eine **positive, angstfreie** und **heitere Unterrichtsatmosphäre**, in der etwaige Hemmungen abgebaut werden können.
- Sie bieten Abwechslung in Handlungs- und Sozialformen, schulen das Miteinander in der Klasse und führen zu einem **positiven** und **stärkeren Klassengefüge**.
- Sie bringen **Bewegung** in eine oftmals „starre" Lernatmosphäre und tragen dem häufig großen Bewegungsdrang einiger Schüler Rechnung.
- Sie trainieren (unbewusst) die neuen Lerninhalte mit „allen Sinnen" im Gedächtnis des Schülers und fördern sowie erweitern das Sprachwissen, indem sie **Lerninhalte festigen, reaktivieren, wiederholen** und **anwenden**.
- Sie schaffen eine **„echte Kommunikationssituation"** in der Fremdsprache ohne lange Planungsarbeit und sind daher oftmals **spontan einsetzbar** in jeder Phase des Unterrichtsgeschehens, was folglich zu einer **höheren Leistungsbereitschaft** von (auch stilleren) Schülern führt.

Die nachfolgend vorgestellten 66 Spielideen für den Spanischunterricht verstehen sich als Anregung und Bereicherung für Ihren Unterricht und können modifiziert oder abgeändert werden. Die aufgeführten Spielideen sollten keine geplante Un-

1 Aufgrund der besseren Lesbarkeit ist in diesem Buch mit Schüler auch immer Schülerin gemeint, ebenso verhält es sich mit Lehrer und Lehrerin etc.

terrichtsstunde gänzlich ausfüllen, sondern vielmehr als motivierender „Stimulus" dienen. Die Sammlung umfasst neben klassischen auch eine Anzahl an neueren Spielideen.

Für bestimmte, wiederkehrende Begriffe wurden zur besseren Orientierung Icons verwendet:

= Material / Voraussetzungen

= Dauer

Die Hinweise zur Durchführung sind möglichst knapp und überschaubar gehalten und an einigen Stellen durch kurze Beispielphrasen oder -ansichten gestützt.

Die Angaben der Zeitdauer und Klassenstufen sind nur als Richtwerte zu verstehen und können, je nach Alters- und Leistungsstand der Schüler, abweichen. Ebenso können sich die Rubriken im Inhaltsverzeichnis überschneiden, sodass auch Einstiegsspiele durchaus für die Umwälzung grammatikalischer oder lexikalischer Inhalte geeignet sind. Ich wünsche Ihnen und Ihren Schülern viel Spaß mit dem Ausprobieren einiger Spielideen und sage: *¡Que empiecen los juegos!*

Dennis Kuhlmeier

1.1 Relámpago

Lj. 1–5

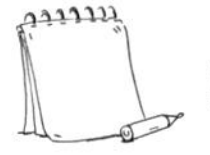 keines

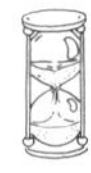 3–5 Minuten

Der Stundenbeginn kann spielerisch durch eine Blitzlichtrunde eröffnet werden und legt damit den thematischen Schwerpunkt des nachfolgenden Unterrichtsgeschehens fest. Der Lehrer stellt entweder eine offene Frage wie *¿Cómo evaluáis la situación de la lengua española en los EE.UU.?* oder nennt ein Begriffs- oder Themenfeld, z. B. *Los pueblos indígenas de México,* bei dem die Schüler der Reihe nach in einer bestimmten Zeit schnellstmöglich alle Assoziationen (z. B. Verben, Substantive oder Adjektive) nennen müssen. Bei einer falschen Antwort scheidet der jeweilige Mitspieler aus. Das Spiel kann beliebig weitergeführt oder es kann eine neue Runde eröffnet werden.

1.2 ¡Gol!

Lj. 1–3

 Tafel, (Tafel-)Magnete ggf. in Fußballform, vorbereitete Kärtchen mit Fragen

 10 Minuten

Der Lehrer zeichnet ein Fußballfeld an die Tafel, bestehend aus zwei Toren, einer Mittellinie und drei bis vier weiteren Linien pro Spielfeldhälfte. Der Magnetball wird in die Mitte des Spielfeldes gesetzt, um den *saque* (Anstoß) auszulösen. Die Klasse wird in zwei gegnerische Mannschaften aufgeteilt, die auf die verschiedenen Fragen des Lehrers abwechselnd korrekt antworten müssen. Pro richtige Antwort wird der Ball an die nächstgelegene Linie in Richtung des Tores fortbewegt. Ist der Ball endlich im Tor, so erzielt die entsprechende Mannschaft einen Punkt.

1.3 Gira la botella

Lj. 1–5

Flasche, vorbereitete Kärtchen mit Fragen

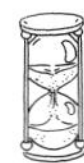

10–15 Minuten

Als spielerischer Stundenbeginn eignet sich auch das Flaschendrehen. Alle Schüler bilden einen Sitzkreis. In der Mitte liegt die zu drehende Flasche. Der Lehrer stellt bei jeder Runde verschiedene Fragen, wie z. B. *¿Cómo se llama la reina de España?*, und dreht die Flasche. Der Schüler, auf den die Flasche zeigt, muss die gestellte Frage korrekt beantworten und darf sich danach auf seinen Stuhl setzen. Bei einer falschen Antwort muss er weiterspielen. Es wird so lange gespielt, bis alle Schüler wieder auf ihren Stühlen sitzen.

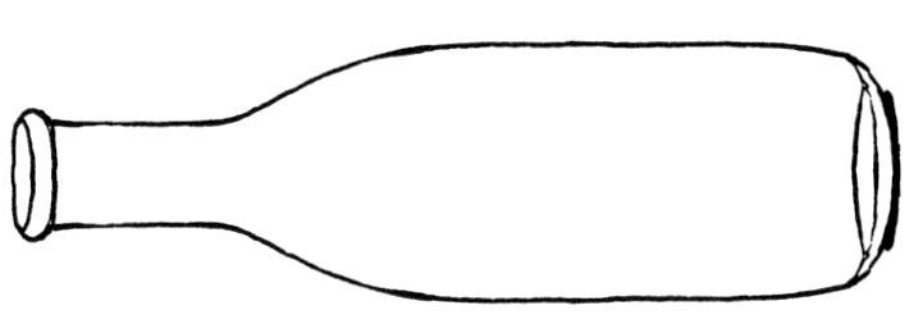

1.4 ¿Qué piensan de mí?

Lj. 1–3

Zettel, Klammern oder Klebestreifen

10 Minuten

Bei diesem Spiel werden weiße Blätter auf dem Rücken der Schüler befestigt. In der ersten Spielrunde bewegen sich die Schüler im Klassenraum und dürfen einem beliebigen Schüler mit einem Stift drei Adjektive auf den Rücken schreiben. In der zweiten Runde müssen die Schüler in Form einer Marktplatzsituation ihre Mitschüler gezielt fragen (z. B. *¿Soy una persona de confianza?*), um die ihnen zugeschriebenen Adjektive herauszufinden. Es sollte darauf geachtet werden, dass dieses Spiel zu keinen diskriminierenden oder beleidigenden Ergebnissen führt.

1.5 La pirámide — Lj. 1/2

Tafel

5 Minuten

Die Anagramm-Pyramide bietet einen schnellen thematischen Einstieg in die Stunde. Ein vom Lehrer festgelegter Buchstabe wird an die Tafel geschrieben. Die Schüler sollen einzelne Buchstaben hinzufügen oder umstellen, sodass sich optisch eine Pyramide ergibt. Es gewinnt der Schüler, der seine Pyramide zuerst fertiggestellt hat.

Beispiel:

1.6 Señor Equis — Lj. 1

Tafel

5 – 10 Minuten

Ein Schüler zeichnet einen waagerechten (Zahlen-)Strahl ohne Skalierung an die Tafel. Ein „x", welches für das gesuchte Alter des Señor Equis steht, wird in die Mitte eingezeichnet. (Der Lehrer hat sich das gesuchte Alter vorher überlegt.) Die Schüler müssen nun durch gezieltes Fragen herausfinden, wie alt Señor Equis ist: *¿Tiene veinte años?*. Jede genannte Zahl wird richtig am Zahlenstrahl notiert. Der Gewinner des Spieles darf sich selbst eine Zahl ausdenken, diese nur für den Lehrer sichtbar an die Tafel schreiben und ein neues Spiel leiten. Vor dem Spiel sollte jedoch ein Zahlenraum festgelegt werden, damit die Runde nicht zu lange dauert.

1.7 ¿Dónde está la pelota? | Lj. 1

Ball oder anderes Objekt

7–10 Minuten

Alle Schüler stehen auf. Der Lehrer platziert zu Beginn einen Ball an einem beliebigen Ort des Klassenzimmers und fragt die Schüler *¿Dónde está la pelota?*. Jeder Schüler muss den jeweiligen Ort mit der richtigen Präposition sowie dem benachbarten Gegenstand korrekt beschreiben, etwa: *La pelota está encima del pupitre.* Bei richtiger Antwort darf sich der Schüler auf seinen Stuhl setzen und selbst den Ball für den nächsten Mitschüler platzieren. Das Spiel endet, wenn alle Schüler wieder auf ihren Stühlen sitzen.

1.8 Gallinero | Lj. 1/2

vorbereitete Bildkarten, Tafel

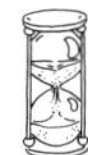

variabel

Im Klassenzimmer wird ein großer Stuhlkreis gebildet. Der Lehrer teilt Bildkarten aus, die das zu behandelnde Vokabular abbilden (z. B. *aficiones, frutas, ropa* etc.). Alle sich im Spiel befindenden Motive müssen mehrfach vergeben werden und werden zudem schriftlich an der Tafel als Übersicht festgehalten. Ein zufällig ausgewählter Schüler erhält keine Karte. Er stellt sich in die Mitte des Sitzkreises und sagt beispielsweise einen Satz wie *A mí me gustan los zapatos negros.* Nun versuchen alle Schüler mit Abbildungen von schwarzem Schuhwerk schnellstens untereinander die Plätze zu tauschen. Auch der sich in der Mitte befindende Schüler versucht einen freien Platz zu ergattern. Nach jeder Runde wird ein Stuhl weggestellt und Schüler, die es nicht geschafft haben, einen Platz zu bekommen, scheiden aus.

1.9 Memory® en la clase

Lj. 1–3

vorbereitete Memory®-Bildkarten

15–20 Minuten

Zwei ausgewählte Schüler verlassen für kurze Zeit das Klassenzimmer. Der Lehrer teilt verschiedene Memory®-Bildkartenpaare an die restlichen Schüler aus, welche z. B. beliebige Aktivitäten (*hervir, esquiar, jugar al fútbol, mirar la tele* etc.) darstellen. Eine oder mehrere Zeitformen für die Bildung der Sätze sollten zu Beginn festgelegt werden. Nachdem alle Karten verteilt wurden, betreten die beiden Schüler wieder das Klassenzimmer und dürfen zwei gezielte Fragen an beliebige Schüler stellen, welche Tätigkeiten die Personen auf ihren Karten ausüben: *¿Qué está haciendo la persona?* oder *¿Qué hicieron las personas ayer?*. Finden sich auf diese Weise zwei Schüler mit den gleichen Motiven, ist ein Kartenpaar gewonnen. Bei einer falschen Vermutung ist der andere Mitspieler an der Reihe. Der Gewinner ist derjenige, der die meisten Paare gesammelt hat.

1.10 Dibujante

Lj. 1–3

vorbereitete Folie und Folienstift, vorbereitete Begriffskärtchen

10–15 Minuten

Ein zufällig ausgewählter Schüler kommt zum Lehrerpult und zieht in der Rolle eines „Zeichners" ein Begriffskärtchen. Nun versucht der Schüler den gezogenen Begriff zeichnerisch auf der Folie darzustellen, während die übrigen Mitschüler erraten müssen, um welchen Begriff es sich dabei handelt (*¿Es esto / a un / una …?*). Wer den Begriff am schnellsten richtig errät, darf als Nächstes zeichnen. Empfehlenswert ist das Spiel, um bereits bekannte Wort- oder Themenfelder vertiefend zu wiederholen.

2.1 Bingo de palabras

Lj. 1–5

vorbereitete Geschichte mit Begriffen oder Begriffskärtchen

10 Minuten

Beispiel:
Cultura y sociedad de Chile

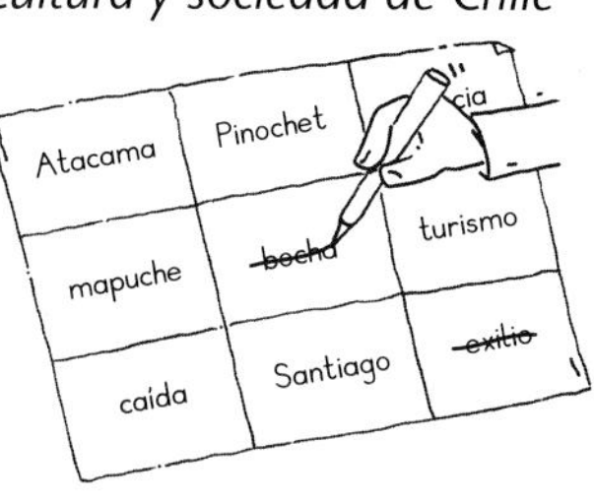

Bingo ist ein beliebtes und sinnvolles Spiel zur Einübung und Festigung neuer Lexik oder grammatikalischer Phänomene. Jeder Schüler zeichnet auf einem Blatt Papier oder in seinem Heft eine kleine Tabelle (3×3 Felder) auf. Der Lehrer gibt ein Oberthema vor und die Schüler tragen dazu selbst gewählte Wörter (Substantive, Verben oder Adjektive) in ihre Felder ein. Der Lehrer liest entweder eine passende Geschichte vor oder zieht aus einem Hut alle Begrifflichkeiten, die in dieser Reihe lexikalisch behandelt oder vorentlastet wurden. Es gewinnt der Schüler, der mindestens drei der genannten Wörter entweder waagerecht, senkrecht oder diagonal markiert hat. Geeignete Oberthemen können sein: *En el zoo, En la escuela, En el restaurante, En el mercado* etc.

2.2 Dominó

Lj. 1–3

vorbereitete Dominokarten

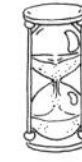

10 Minuten

Eine schüleraktivierende Alternative zum klassischen Tischspiel stellt das Schüler-Domino dar. Hier werden entweder Begriffspaare oder Symbol- sowie Bildkarten miteinander kombiniert. Jeder Schüler erhält mindestens eine dieser Karten, die entweder auf dem Rücken mit einem Klebstreifen befestigt oder in der Hand gehalten werden können. Der Lehrer legt einen engen Zeitrahmen von etwa zwei Minuten fest, sodass die Schüler in dieser Zeit versuchen müssen, sich so aufzustellen, dass die Dominokette sinnvoll zusammengesetzt wird.

Beispiel:

la araña 

la vaca | die Schildkröte

2.3 Memory® en parejas o en la pizarra

Lj. 1–3

vorbereitete laminierte Memory®-Karten

10 Minuten

In Einführungs- oder Wiederholungsphasen neuer Lexik eignet sich besonders ein schüleraktivierendes Memory®-Spiel. Die Schüler müssen in zuvor festgelegten Dreier- oder Vierergruppen die vorbereiteten Kartenpaare finden (ggf. einen Zeitrahmen dafür vorgeben). Es gewinnt derjenige, der die meisten Kartenpaare gesammelt hat. Die Karten können auch von den Schülern im Vorfeld selbst vorbereitet werden. Eine Alternative zum klassischen Memory®-Spiel in Kleingruppen stellt die Variante innerhalb der Klassengemeinschaft dar. Hier werden auf der gesamten Tafel Wort- oder Bildkarten ungeordnet und umgedreht angeheftet, welche die Schüler miteinander finden müssen. Um eine Wettkampfatmosphäre zu schaffen, kann die Klasse in zwei Teams aufgeteilt werden. Ein zusätzlich auf eine Minute beschränkter Zeitrahmen pro Team steigert die Spannung. Auch hier gewinnt die Klassenhälfte, die die meisten Kartenpaare gefunden hat.

<u>Beispiel:</u>

Variante 1: *Wort-Bild-Paare*

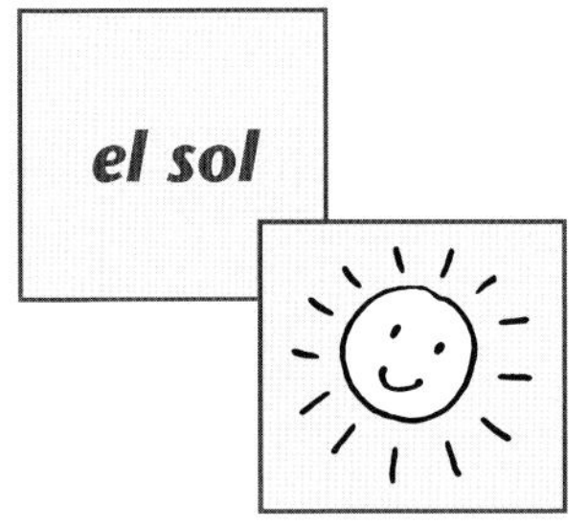

Variante 2: *Wort-Wort-Paare*

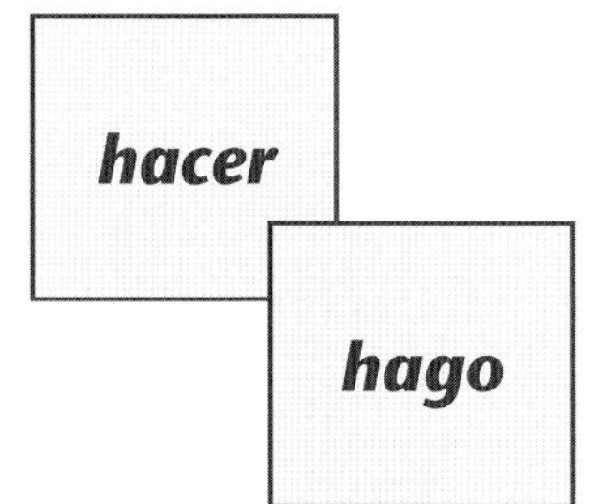

2.4 Copo de nieve con letras

Lj. 2–5

Arbeitsblatt

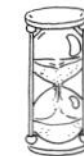

10–15 Minuten

Eine etwas anspruchsvollere Spielidee, um den bereits erlernten Wortschatz zu wiederholen und zu festigen, ist der Einsatz von „Buchstabenschneeflocken". Im Internet gibt es zahlreiche Anregungen für verschiedene Formen. Die Schüler müssen hier die abgebildeten Buchstaben miteinander kombinieren und daraus Wörter (Nomen, Verben, Adjektive, Präpositionen etc.) bilden. Jeder Buchstabe darf nur einmal verwendet werden. Dem Schüler steht es frei, an welcher Stelle der „Flocke" er beginnt. Er muss lediglich darauf achten, dass er den vorgegebenen Verbindungslinien folgt. Ein „Springen" ist daher nicht möglich. Auch das zweite „Durchqueren" eines Feldes bei einem Wort ist unzulässig. Pluralformen, Verben in ihrer Infinitivform, feminine Wortendungen sowie zusätzliche Akzentsetzung sind zulässig. Es gewinnt der Schüler, der am schnellsten alle versteckten Wörter gefunden hat oder die meisten Wörter bilden konnte.

Beispiel: 1. Wort: *copo* 2. Wort: *pollo* 3. Wort: *corazón* […]

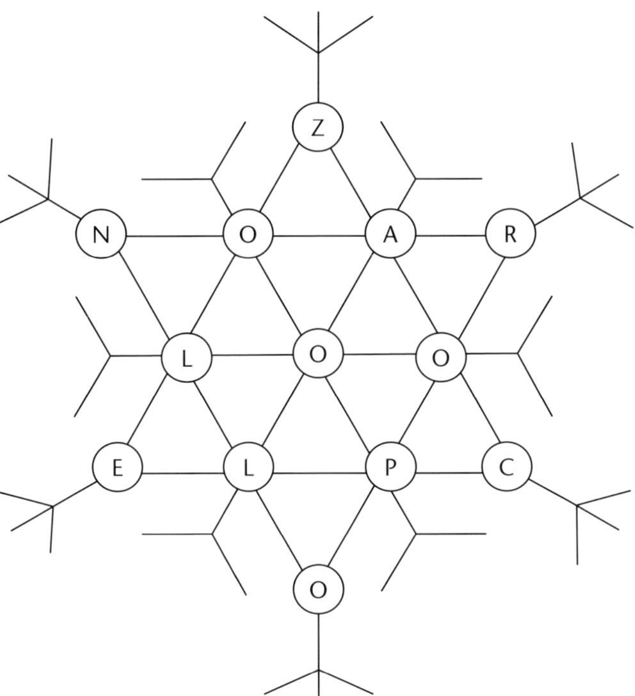

Tipp: Es können auch eigene Schneeflocken, Sterne oder andere Formen entworfen und der Klassenstufe angepasst werden!

2.5 Cadena de palabras

Lj. 1–3

 keines

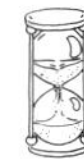 5–10 Minuten

Beim Wortketten-Spiel kann bereits erlernte Lexik im gesamten Plenum spielerisch wiederholt, vertieft und erweitert werden. Der Lehrer gibt beispielsweise das Wort *indignación* vor, sodass der nächste Schüler ein neues Wort mit dem Endbuchstaben „n" als Anfangsbuchstaben nennen muss, z. B. *niñeza*. Um Wort- oder Begriffsfelder weiter einzuschränken, kann zuvor festgelegt werden, dass nur Wörter (Adjektive, Nomen, Verben oder Eigennamen) aus einem Themenbereich, z. B. *La comida*, genannt werden dürfen. Ein zusätzlich beschränkter Zeitrahmen kann weiteren Anreiz geben.

Beispiel: *piñ**a** – **a**lbaricoqu**e** – **e**spárrago**s** – **s**andí**a** – **a**j**o** – **o**liv**a** – ...*

2.6 Rally diccionario

Lj. 3/4

 Wörterbücher, Arbeitsblatt mit vorbereiteten Fragen

 10–15 Minuten

Um die Arbeit mit dem Wörterbuch zu üben, empfiehlt sich die spielerische Annäherung durch eine Wörterbuch-Rallye. Hier müssen die Schüler unter Anleitung und Beachtung eines vom Lehrer konzipierten Fragenkataloges die zugehörigen Antworten im Wörterbuch finden. Die Seitenzahlen sollten dabei notiert und unklare Symbole ggf. zuvor besprochen werden. Ein festgelegter Zeitrahmen kann die Spannung steigern.

Beispielfragen: *¿Qué significa* Türschloss*?*

¿Cuáles son los significados diferentes del verbo bajar?
¡Da ejemplos!

2.7 Jeopardy!®

 vorbereitete Tafelkarten

 15–20 Minuten

Absolutes Wetteifern kommt beim Tafel-Jeopardy!® auf. An der Tafel werden verschiedenfarbige Karten befestigt, die mit Fragen (z. B. zu Wortschatz oder Landeskunde) oder Jokern und auf der Rückseite mit der jeweiligen Punktzahl (10, 20, 30, 40, ...) versehen sind. Die Karten werden von der Lehrkraft an der Tafel aufgehängt. Die Klasse wird möglichst in zwei gleich große Teams aufgeteilt. Jeder Teamspieler wählt eine beliebige Farbkarte mit der dazugehörigen Punktzahl aus (z. B. *rojo 10*). Kann ein Mitspieler in einer bestimmten Zeit eine Frage nicht beantworten, die beispielsweise 25 Punkte wert ist, so gehen diese Punkte automatisch auf das Konto der gegnerischen Mannschaft. Bei Jokern können entweder zusätzliche Punkte gewonnen werden (+ 25 *puntos*) oder auch bestehende Punkte abgezogen werden (– 15 *puntos*). Jeder Schüler muss mindestens eine Frage in jeder Kategorie beantworten können, sodass die Mitspieler innerhalb jeder Gruppe rotieren. Die Gruppe mit den meisten Punkten gewinnt.

Beispiel:

rojo	***verde***	***azul***
¿Qué significa ...?	***10***	***10***
25	***25***	***25***

2.8 La copia en limpio

Lj. 2/3

 Textgrundlage

 10 Minuten

Die Schüler erhalten eine vom Lehrer gestaltete Fassung eines unbekannten Textes. Die Aufgabe besteht darin, dass die Schüler in möglichst kurzer Zeit versuchen sollen, überflüssige Wörter (z. B. Präpositionen, Artikel etc.) in dem Text zu erkennen und diesen in eine korrekte Fassung zu bringen. Der schnellste Schüler gewinnt. Alternativ kann auch ein längerer Text für die Bearbeitung von zwei konkurrierenden Schülergruppen eingesetzt werden.

Beispiel:

Las playas de España

España tiene **~~unas~~** muchas playas. Numerosos **~~muchos~~** turistas pasan sus vacaciones de **~~el~~** verano en las costas españolas. Especialmente el litoral andaluz en el sur del país atrae a **~~los~~** muchos visitantes europeos. La "Playa de Los Muertos de Carboneras" en Almería o la "Playa Bolonia de Tarifa" en Cádiz son dos destinos **~~para~~** repletos de turistas. El buen tiempo, los pueblos marítimos y la variedad de deportes acuáticos son los motivos principales para la mayoría de los turistas. **~~Una~~** otra razón es la arena blanca o la cercanía a la naturaleza. [...]

2.9 La lista de antónimos

Lj. 3–5

Tafel

5–7 Minuten

Bei diesem Spiel müssen die Schüler Antonyme zu den vom Lehrer genannten zehn (oder mehr) Begriffen finden. Die Wörter werden listenartig festgehalten und müssen auf Zeit bearbeitet werden. Hierzu kann die Klasse in zwei Teams geteilt werden. Die Gruppe, die am schnellsten alle korrekten Antonyme gefunden hat, hat gewonnen und darf sich neue Begriffe ausdenken. Auch für die Umwälzung von Synonymen eignet sich das Spiel.

Beispiel:

acostarse	LEVANTARSE	***rico, a***	POBRE
entrar	SALIR	***mujer***	HOMBRE
ruidoso, a	SILENCIOSO, A	***delgado, a***	GORDO, A

2.10 Acróstico

Lj. 1–3

Tafel

10 Minuten

Bei der Erstellung eines Akrostichons können Schüler bereits erlernte Lexik festigen oder zu einem Begriffsfeld erweitern. Das Abfassen und Finden neuer Wörter kann auf Zeit erfolgen, sodass derjenige gewinnt, der als Erstes sinngemäße und adäquate Wörter zum zuvor festgelegten Begriff gefunden hat.

Beispiel:

F E S T E J A R
I N T E R N A C I O N A L
E N T R A R
S O R P R E S A
T R A E R
A M I G O S

Nummerierungskarten 1–4

10 Minuten

Bei diesem Spiel wird die Klasse in zwei gleich große Teams aufgeteilt. Gruppe 1 verteilt sich auf die vier Ecken des Klassenraumes, während Gruppe 2 sitzen bleibt. Alle Ecken werden mithilfe von Nummerierungskarten (1 – 2 – 3 – 4) markiert. Nach einer zuvor festgelegten Spielrundendauer werden die Teams gewechselt. Der Lehrer nennt vier verschiedene nummerierte Begriffe zu einem behandelten Themenfeld, von dem einer nicht zu den anderen passt, z. B. 1. *sartén*, 2. *armario de cocina*, 3. *línea telefónica*, 4. *fregador*. Die Aufgabe der Mitspieler besteht darin, dieses Wort zu erkennen und die der Nummerierung entsprechende Ecke aufzusuchen. Alle Schüler, die sich nicht korrekt positionieren, scheiden aus dem Spiel aus. Das Spiel eignet sich auch für Verben und Adjektive sowie für eine Anpassung des Schwierigkeitsgrads an die jeweilige Klassenstufe.

2.12 Discrepo

 keines

 10–15 Minuten

Die Schüler stellen sich in einem Kreis auf. Der Lehrer gibt der Lerngruppe einen Oberbegriff vor, z. B. *La granja*. Die Aufgabe besteht nun darin, dass alle Schüler reihum verschiedene Assoziationen zum vorgegebenen Oberbegriff aufsagen müssen. Dies können Nomen, Verben oder auch Adjektive sein (z. B. *la campesina, labrar, paisajístico* etc.). Es scheiden diejenigen Schüler aus, die entweder keinen Begriff nennen können, einen Begriff ohne logische Assoziation nennen, einen bereits genannten Begriff wiederholen oder die Regel brechen und mehr als ein Wort äußern. Der Lehrer protokolliert die Nennungen. Um die Spannung zu steigern, kann ein zuvor bestimmtes Zeitlimit gesetzt werden. Die abgefragten Begriffe können sowohl im Schwierigkeitsgrad variieren als auch auf einzelne Wortgruppen beschränkt werden.

Beispiel: la granja

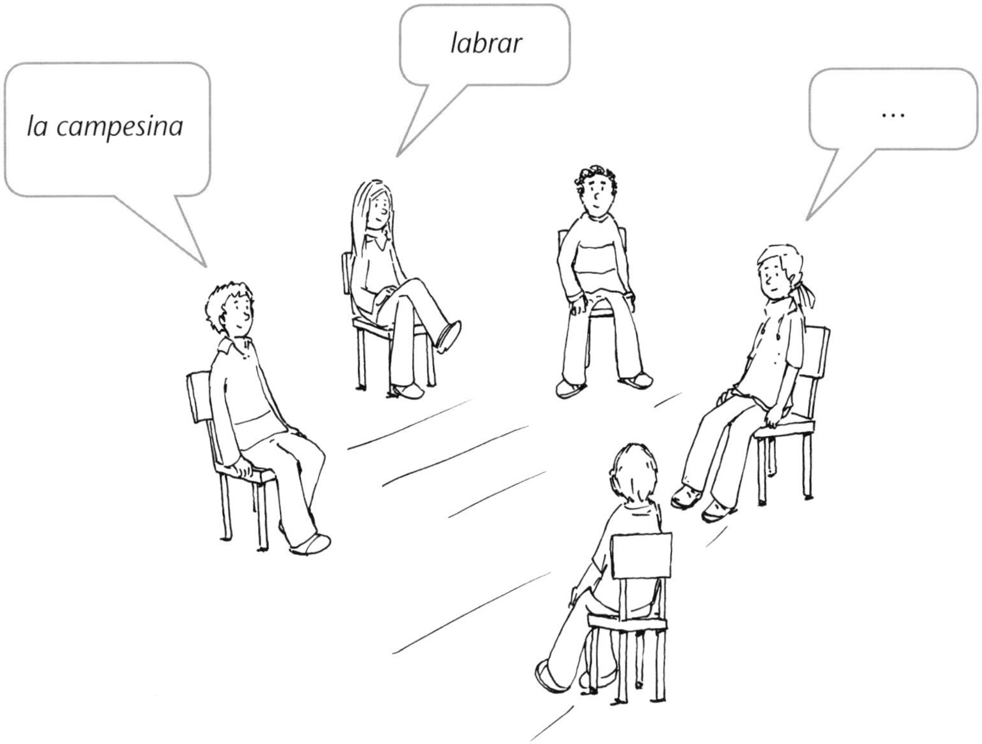

3.1 Sopa de letras

Lj. 1–3

vorbereitetes Arbeitsblatt oder Folie

5–7 Minuten

Eine *sopa de letras* (auch als Buchstabensuppe bekannt) bietet sich nicht nur für die spielerische Umwälzung von Lexik an, sondern kann zudem in allen Klassenstufen für die Wiederholung und Systematisierung von neuen oder altbekannten grammatikalischen Formen angewendet werden. Die Schüler müssen aus einem Buchstabenfeld verschiedene Wörter herausfiltern und diese notieren. Mit den gefundenen Lösungen kann man später eine Geschichte schreiben oder Wortnetze anfertigen lassen.

3.2 Crucigrama

Lj. 1–5

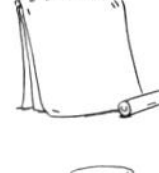

vorbereitetes Kreuzworträtsel

5–7 Minuten

Ein selbst erstelltes Kreuzworträtsel ist für die Einübung von neuen grammatikalischen Formen gut geeignet. Durch die Beantwortung der Fragen ergeben sich Lösungswörter für das Rätselfeld, welche entweder senkrecht, waagerecht oder diagonal eingetragen werden müssen, was wiederum ein finales Lösungswort oder eine Phrase ergibt.

Tipp: Kreuzworträtsel können unter http://www.xwords-generator.de/de erstellt werden.

3.3 Frases numéricas

 vorbereitetes Arbeitsblatt oder Folien- / Tafelanschrieb, Würfel

 10 Minuten

Bei diesem Spiel werden neben den spanischen Zahlen zugleich die korrekte Syntax und die Verbkonjugation wiederholt. Jedes Spielerpaar erhält zwei Würfel sowie ein Nummernparadigma mit den entsprechenden Personen / Personalpronomina und dazugehörigen Satzphrasen im Indikativ Präsens. Die gewürfelten Augenzahlen werden nebeneinandergelegt, sodass Sätze nach dem Paradigma gebildet werden müssen. Der Spieler, der die meisten korrekten Sätze bilden kann, gewinnt.

Beispiel:

1	yo		**1**	nadar en la piscina con María
2	tú		**2**	ir de compras en el centro
3	él / ella / usted		**3**	pedir churros con chocolate
4	nosostros / as	+	**4**	ayudar a Ana con sus deberes
5	vosotros / as		**5**	reparar la avería del motor
6	ellos / ellas / ustedes		**6**	tener que recoger a los niños
7	Diego		**7**	salir del restaurante a las 22h
8	La familia de Antonia		**8**	querer mirar la película en el cine
9	¿Quién?		**9**	levantarse temprano

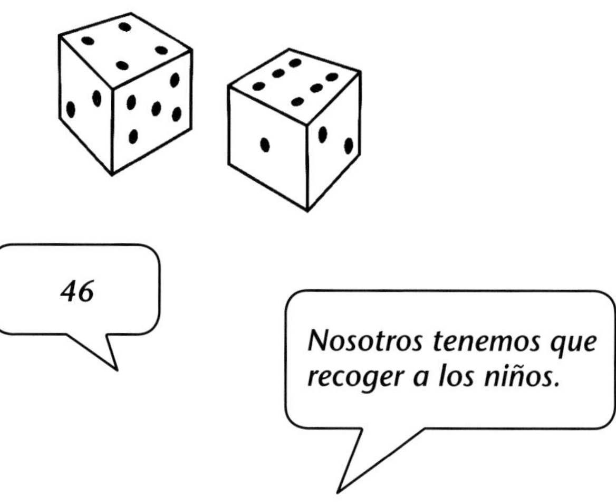

3.4 Hablar por teléfono

 vorbereitetes Arbeitsblatt

 10 Minuten

Dieses Spiel lehnt sich an die „Frases numéricas“ (3.3) an. Jedes Schülerpaar erhält eine „Telefonliste“. Hier „wählt“ jeweils ein Schüler eine fiktive Telefonnummer, die in ein Konjugationsmuster umgewandelt wird. Der andere Schüler verfolgt die gewählten Zahlen und bildet entsprechend der Angaben die korrekten Verbformen. Die Schüler kontrollieren sich hierbei gegenseitig. Zu jeder Verbform kann zusätzlich ein passendes Substantiv hinzugefügt werden, sodass die Aussagen in einem kontextuellen Zusammenhang stehen.

persona	verbos	modo	tiempo	genus verbi
1 = yo	1 = cubrir	1 = indicativo	1 = presente	1 = activo
2 = tú	2 = izar	2 = subjuntivo	2 = imperfecto	2 = pasivo
3 = él, ella, usted	3 = desmantelar	3 = imperativo	3 = indefinido	
4 = nosotros/as	4 = quitarse		4 = pretérito perfecto	
5 = vosotros/as	5 = caerse		5 = futuro (simple)	
6 = ellos, ellas, ustedes	6 = disimular		6 = condicional	

Beispiel:

Schüler 1:

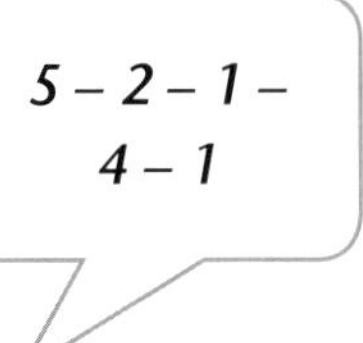

Schüler 2:

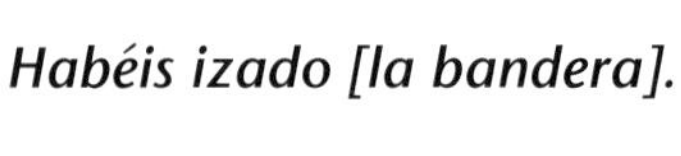

Der Schwierigkeitsgrad dieser spielerischen Umwälzung von Verben kann variiert werden. Es können Zeitformen ergänzt oder weggelassen werden. Die Auswahl der Verben kann vom Lehrer festgelegt werden.

3.5 ¡Te toca a ti!

Papier oder Pappe, Schere, Klebstoff, Würfelvorlage, vorbereitetes Arbeitsblatt

variabel

Mit dem Grammatikwürfel können bestimmte grammatikalische Phänomene eingeübt, vertieft und spielerisch wiederholt werden (z. B. *verbos preposicionales* oder *perífrases verbales*). Zu zweit würfeln die Schüler gemäß der Aufgabenstellung. Eine vom Lehrer bereitgestellte Liste mit nicht konjugierten Verben oder Phrasen (mit Angaben zum Modus und Tempus) gibt Orientierung. Es gewinnt der Schüler, der die meisten Verben richtig konjugiert hat. Die Schüler überprüfen sich gegenseitig.

<u>Beispiel:</u>

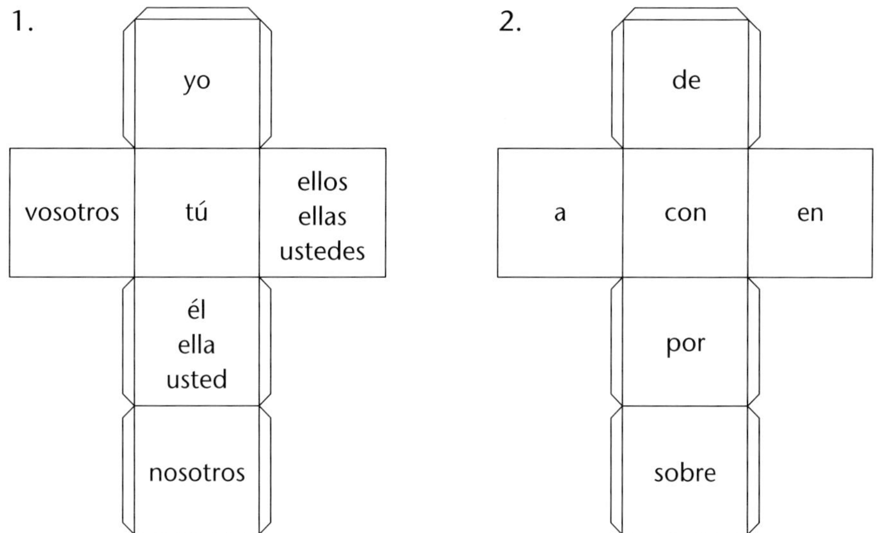

<u>Beispiel einer Verbliste:</u>

etapas	verbo	tiempo	modo
1	**aguantar**	imperfecto	subjuntivo
2	**someter**	condicional	indicativo
3	**enderezar**	futuro	indicativo
4	**afligir**	presente	subjuntivo
…	…		

3.6 ¡Ándale! Lj. 2–4

vorbereitete Buchstabendrehscheibe oder Kärtchen mit je einem Anfangsbuchstaben, vorbereitete Karten zu bekannten Wortfeldern (z. B. *colores, comidas, bebidas, deporte* etc.)

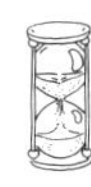

variabel

Die Buchstabendrehscheibe wird gedreht oder eine Buchstabenkarte aus einem Säckchen gezogen. Anschließend zieht der Lehrer eine Wortfeldkarte von einem anderen Stapel. Die Schüler müssen nun einen passenden Begriff (Verb, Substantiv, Adjektiv etc.) mit dem gezogenen Anfangsbuchstaben finden. Der Schüler, der zuerst eine richtige Lösung nennt, darf die Karte behalten. Gewonnen hat derjenige mit den meisten Karten. Das Spiel kann auch mit zwei gegnerischen Teams durchgeführt werden.

3.7 Frases desordenadas Lj. 1/2

vorbereitetes Arbeitsblatt oder vorbereitete Folie

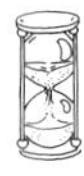

variabel

Der Lehrer präsentiert der Klasse eine beliebige Anzahl von unsortierten Satzphrasen, welche so schnell wie möglich in die richtige Reihenfolge gebracht werden müssen. Als zusätzliche Erschwernis können die Verben in der Infinitivform verbleiben und müssen in die zuvor festgelegte Zeitform konjugiert werden. Es gewinnt der Schüler, der am schnellsten alle Sätze richtig geordnet und grammatikalisch angepasst hat. Die Schüler können sich zunächst in Eigenarbeit gegenseitig korrigieren, bevor die Phrasen im weiteren Unterrichtsgeschehen noch einmal thematisiert werden.

3.8 El desfile de verbos

vorbereitete Papier- oder Pappbögen mit Verbformen

10 Minuten

Jeder Schüler erhält vom Lehrer einen beschrifteten Papier- oder Pappbogen mit der Form eines (un-)regelmäßigen Verbs. Die Schüler müssen sich nun andere Schüler suchen, die ebenfalls Formen desselben Verbs erhalten haben, und sich der Konjugation gemäß korrekt aufstellen, z. B. *fui – fuiste – fue – fuimos – fuisteis – fueron* etc. Diese spielerische Umwälzung der Verben kann beliebig oft wiederholt oder mit weiteren Verben vertieft und angereichert werden. Möglich ist ebenso die Variante mit einem Verb und der dazugehörigen Präpositionserweiterung, wie z. B. *ir – a – en – por* etc. Die Verbformen bzw. die durch verschiedene Präpositionen variierenden Bedeutungen sollten im Unterricht thematisiert und exemplarisch erarbeitet werden.

4.1 Puzle de textos

Lj. 1–3

 vorbereitete Texte in Puzzleform, Prämie

 15–25 Minuten

Ein vom Lehrer ausgewählter Text wird in viele kleine Teile zerschnitten; jeder Schüler erhält ein Puzzleteil. Die Aufgabe besteht darin, die anderen Teile mithilfe der Mitschüler zu finden und korrekt zusammenzusetzen. Als spannende Variante können zudem Textanfang oder -ende fehlen; sie müssen dann von den Schülern selbst erfunden und verschriftlicht werden. Alternativ können mehrere Texte in Umlauf gegeben werden, damit sich Gruppen bilden und verschiedene Ergebnisse in einer Präsentationsrunde vorgestellt und diskutiert werden können. Die Gruppe mit dem besten Ergebnis wird prämiert.

4.2 Cuadro textual

Lj. 2/3

 DIN-A3-Papier, vorbereitete Texte, ggf. Prämie

 20 Minuten

Einen anderen Zugang zu Texten ermöglicht die Erstellung eines „Textgemäldes". Hier erhalten Schülerpaare verschiedene oder auch denselben Text eines beliebigen Genres und geben ihn in einem Gemälde wieder. Dazu teilt der Lehrer jeder Zweiergruppe einen DIN-A3-Papierbogen aus, auf dem beide Schüler nach dem Lesen des Textes gemeinsam ein Bild anfertigen, welches den Text in Inhalt, Aussage und Intention widerspiegelt. Während des Zeichnens oder Malens darf nicht gesprochen werden. Danach kann ein „Museumsrundgang" erfolgen und das treffendste oder schönste Bild von der Klassengemeinschaft prämiert werden.

4.3 Búsqueda del tesoro | Lj. 2/3

kleine Prämien

15 Minuten

Bei diesem Spiel können Ortspräpositionen und Imperativformen sowie Vokabular zu Schulorten eingeübt werden. Die Schüler fertigen in Kleingruppen verschiedene Schatzkarten für die jeweiligen anderen Gruppen an. An beliebigen Orten des Schulgeländes werden im Vorfeld kleine Prämien versteckt, die von einer Schülergruppe gefunden werden müssen. Die Schüler beschreiben den Weg dorthin, z. B. *Tenéis que pasar por la sala de profesores para llegar al destino.* Auch mögliche Hindernisse in Form von Umwegen sowie verschiedene Fragen, die ein mögliches Lösungswort als weiteren Hinweis ergeben, können mit eingeplant werden. Gewinner ist die Gruppe, die am schnellsten den Schatz gefunden hat.

4.4 La ruta por el centro | Lj. 2

Stadtplan

10 Minuten

Jedes Schülerpaar erhält vom Lehrer einen übersichtlichen Stadtplan. Jeweils ein Schüler legt einen Start- und Zielpunkt fest. Der andere Mitschüler erklärt nun seinem Sitznachbarn auf Spanisch den Weg durch die Stadt. Der Weg darf auf einem zweiten Plan nachgezeichnet werden. Ziel ist es, den kürzesten Weg durch die Stadt zu finden. Mit der Festlegung eines knappen Zeitrahmens kommt Spannung auf. Es gewinnt derjenige, der den kürzesten Weg zwischen Start- und Zielort beschreibt.

4.5 Pantomima

Lj. 1/2

keines

variabel

Der Lehrer legt mit der Klasse eine Zeitform (z. B. *gerundio*) und einen Themenbereich (z. B. *Actividades de ocio*) fest. In Kleingruppen erhalten die Schüler den Arbeitsauftrag, der Anzahl der Gruppenmitglieder entsprechende und zum Thema passende Aktivitäten zu erarbeiten und zu proben, die sie nachfolgend der Klassengemeinschaft vorstellen. Derjenige, der als Erstes richtig errät, was ein Mitschüler szenisch darstellt, äußert seine Antwort in der zuvor festgelegten Zeitform: *Mario está jugando a las cartas.* Anschließend präsentiert dieser dem Plenum seine eigene Pantomime. Es gewinnt die Kleingruppe, deren komplettes Repertoire an Pantomimen als Erstes erraten wurde.

4.6 ¿Cómo hacer una paella?

Lj. 3/4

mehrere Exemplare eines Kochrezepts (zerschnitten in die einzelnen Arbeitsschritte) in Briefumschlägen, ggf. Plakat

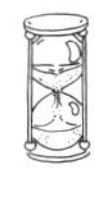

15 Minuten

Der Lehrer notiert den Namen des Gerichtes, z. B. eine Paella, an der Tafel. Die Schüler erhalten in Kleingruppen je einen Briefumschlag, in dem sich das zerschnittene Rezept mit seinen Zutaten und Zubereitungsschritten in ungeordneter Reihenfolge befindet. Die Aufgabe besteht nun darin, in kürzester Zeit das Rezept und die richtigen Handlungsschritte zu rekonstruieren. Es sollte darauf geachtet werden, dass notwendige Konjunktionen wie *primero, después, finalmente* etc. als Orientierungshilfe angegeben werden. Das Ergebnis kann auf einem Poster als Fließtext festgehalten werden. Gewinner ist die Gruppe, die am schnellsten das Rezept korrekt wiederhergestellt hat. Alternativ können auch mehrere Rezepte in Umlauf gebracht werden oder Handlungsschritte gänzlich weggelassen und von den Schülern erarbeitet werden.

4.7 Frases incesantes | Lj. 1/2

vorbereiteter Text auf Folie

10 – 15 Minuten

Der Lehrer legt eine Folie mit einem oder mehreren „Endlostexten“ auf. Die Klasse wird in zwei oder mehr Teams aufgeteilt. Pro Team liest ein Schüler diesen Text unter Beachtung der Phonetik korrekt laut vor. Die anderen Schüler schreiben den Text richtig in ihr Heft ab und beachten dabei die Interpunktion und Akzentsetzung. Es gewinnt die Gruppe, die am schnellsten alle Sätze richtig dechiffriert und reproduziert hat. Es empfiehlt sich, kurze Texte zu nehmen, damit die zu lösende Phrase überschaubar bleibt. Alternativ können auch nicht konjugierte Verben vorkommen, welche korrekt dem jeweiligen Tempus angepasst werden müssen.

Beispiel:

4.8 Imagen fija | Lj. 2 – 5

Textgrundlage

10 – 15 Minuten

Die Erarbeitung und Darbietung eines Standbildes lässt sich gut bei der Behandlung verschiedener Lektüren oder Texte (z. B. *novelas, cuentos, poemas* etc.) einsetzen. Die Klasse wird in verschiedene Gruppen aufgeteilt und erhält vom Lehrer den Auftrag, einen Moment einer Schlüsselszene, eines Wendepunktes oder einer anderen beliebigen Textstelle zu planen und zu inszenieren. Jeweils ein Schüler jeder Gruppe fungiert als *director/a* und positioniert seine *actores/actrices*. Der Aufbau des Standbildes erfolgt wortlos. In der Präsentationsrunde stellen nun alle Gruppen ihre Ergebnisse den anderen vor. Die „Zuschauer“ beschreiben zunächst, was sie sehen, um im weiteren Schritt eine mögliche Intention und Verbindung zur Textgrundlage herzustellen. Die gelungensten Standbilder werden gekürt und anschließend diskutiert.

4.9 ¿Verdadero o falso?

Lj. 1–3

Textgrundlage, rote oder grüne DIN-A6-Karten, vorbereitete Kärtchen mit Aussagen zum Text

10 Minuten

Um das Textverständnis zu überprüfen, erhalten alle Schüler jeweils eine rote (*falso*) und eine grüne (*verdadero*) Karte. Nach der Erarbeitung des Textes (z. B. *artículo de periódico, poema, cuento, texto literario, receta* etc.) liest die Lehrkraft verschiedene Aussagen vor. Die Schüler entscheiden nach jeder Aussage, ob sie wahr oder falsch ist und halten die entsprechende Karte hoch. Jede Behauptung sollte kurz diskutiert werden. Alternativ können die Schüler ausscheiden, die sich für die falsche Antwort entschieden haben. Auch eine Aufteilung in zwei gegnerische Teams ist möglich. Gewonnen hat dann das Team, das am Ende übrig bleibt.

5.1 Escuchar y dibujar

Lj. 1/2

vorbereitete Geschichte / Tonspur, Prämie

7 – 10 Minuten

Der Lehrer liest den Schülern eine Geschichte vor oder lässt eine Tonspur ablaufen. Die Schüler hören zu und folgen dem Geschehen aufmerksam. Beim zweiten Hördurchgang geben die Schüler das Gehörte in einer Zeichnung wieder. Alternativ kann der Lehrer auch ein Fabelwesen beschreiben, welches einer Bildvorlage entstammt, z. B. *El monstruo tiene cinco piernas y la piel amarilla.* Die Schüler vollenden nach dem Gehörten ihre Zeichnungen und präsentieren sie ihrem Sitznachbarn. Alternativ kann auch ein „Museumsrundgang" erfolgen. Hier zeigen die Schüler ihre Produkte und erklären sie im Kontext des Gehörten. Das treffendste Bild wird prämiert.

5.2 ¿Quién soy?

Lj. 2/3

Zettel, Klebestreifen

variabel

Jeder Schüler denkt sich eine bekannte Persönlichkeit aus oder wählt den Namen eines Mitschülers oder Lehrers und schreibt ihn auf ein Blatt Papier. Die Zettel werden vom Lehrer eingesammelt und vermischt. Ein Schüler geht nach vorne vor die Klasse und zieht einen Zettel, ohne zu lesen, was darauf steht. Der Zettel wird entweder vorsichtig an seiner Stirn befestigt oder der Name an die Tafel hinter ihm geschrieben. Ziel ist es, dass der vorne stehende Schüler durch gezieltes Fragen an seine Mitschüler herausfinden muss, welche Persönlichkeit er darstellt, z. B. *¿Tengo los ojos azules y claros?*. Alternativ kann die Klasse auch in zwei Gruppen aufgeteilt werden und gegeneinander spielen. Die Gruppe, die am schnellsten alle Personen richtig errät, gewinnt das Spiel.

5.3 El veintiuno

evtl. vorbereitete Kärtchen mit kleinen Aufgaben (z. B. Verb konjugieren)

10–15 Minuten

Die Schüler werden in Vierergruppen eingeteilt. Die Schüler zählen innerhalb ihrer Gruppe reihum von 1 bis 21, können sich dabei aber entscheiden, ob sie eine, zwei oder drei Zahlen auf einmal nennen. Der Schüler, der mit der Zahl 21 an der Reihe ist, muss eine Aufgabe erfüllen (z. B. ein Verb konjugieren) und darf sich dann für eine beliebige Zahl im genannten Zahlenraum zwischen 1 und 21 entscheiden und diese durch ein Wort ersetzen (z. B. *primavera*). Alternativ können auch andere Zahlenräume festgelegt oder der Lerngruppe entsprechend angepasst werden. Dieses Spiel wälzt nicht nur die spanischen Zahlen um, sondern fordert zudem die Schüler auf, bestimmte Inhalte wiederholend zu festigen und sich genannte Vokabeln in ihrer Abfolge zu merken.

Beispiel:

Runde 1:

Jonas: 1, 2, 3

Marie: 4, 5

Ellen: 6, 7, 8

Tobias: 9, 10, 11

[…]

Marie: 19, 20

Ellen: *21!*

Runde 2:

[…]

Marie: 8

Ellen: 9, 10

Tobias: *primavera*, 12, 13

[…]

Ellen entscheidet sich in Runde 2, nach Bearbeitung einer zuvor festgelegten Aufgabe durch den Lehrer oder die Gruppe, die Zahl 11 durch das Wort *primavera* zu ersetzen.

5.4 Reacción en cadena

Lj. 1/2

keines

variabel

Der Lehrer zählt alle Schüler der Klasse durch, sodass jeder eine Zahl erhält. Alle Schüler erheben sich von ihren Stühlen und der Lehrer fragt den ersten Schüler, welche Zahl er hat: *¿Qué número tienes?*. Der Schüler muss nun seine eigene Zahl (z. B. *once*) und eine weitere beliebige Zahl im festgelegten Zahlenraum, z. B. *once – dos*, nennen. Nun reagiert derjenige, dessen Zahl genannt wurde, und antwortet zuerst mit seiner eigenen Zahl und nennt dann eine weitere beliebige. Jeder Mitspieler hat zwei „Leben". Reagiert ein Schüler zweimal nicht auf die Nennung seiner Zahl, verliert er beide Leben und muss sich setzen. Das Spiel kann zeitlich beliebig lange durchgespielt werden und der Zahlenraum kann zuvor variabel festgelegt werden.

5.5 Cuento loco

Lj. 1/2

vorbereitete(r) Geschichte / Text

7 Minuten

Der Lehrer liest den Schülern eine unbekannte Geschichte oder einen Text vor. Es werden zuvor bestimmte Anweisungen erteilt, z. B. *¡Dad palmadas cuando escuchéis una palabra con [s]!*. Während der Lehrer den Text vorliest, müssen die Schüler genau zuhören, bei welchen Signalen (phonetische Laute, Buchstaben, Adjektive, Nomen etc.) ihre Anweisungen in die Tat umgesetzt werden müssen. Die Hörverstehenskompetenz wird mithilfe dieser spielerischen Umsetzung geschult und gefördert.

5.6 El pintor ciego

Lj. 2/3

 vorbereitete Bildvorlage, ggf. Prämien

10 Minuten

Die Schüler arbeiten in Zweiergruppen. Ein Schüler ist der „blinde Maler", der sich gänzlich auf die Anweisungen seines Partners verlassen muss. Der Maler sitzt mit dem Rücken zur Tafel. Der Lehrer legt eine Bildfolie auf. Der sehende Schüler muss nun dem malenden Schüler Schritt für Schritt erklären, was auf dem Bild an welcher Stelle abgebildet ist. Der Maler setzt die Beschreibung zeichnerisch auf der Bildfolie um. Die Unterrichtssprache ist durchgängig Spanisch. Ein vorgegebenes Zeitfenster erhöht die Spannung. Die fertigen Produkte können mit der Bildvorlage verglichen und prämiert werden.

5.7 Gallina ciega

Lj. 2/3

 Augenbinde

 10 Minuten

Eine weitere Möglichkeit, spanische Instruktionen mithilfe notwendiger Präpositionen zu üben, ist das Spiel „Blinde Kuh" (span. *gallina ciega*). Die Schüler stellen sich in einem Halbkreis auf. Ein zufällig ausgewählter Schüler erhält eine Augenbinde, damit er nichts mehr sehen kann und wird ein paarmal um sich selbst gedreht. Danach muss er versuchen, einen anderen Schüler zu fangen. Wird ein Schüler gefangen, so ist dieser die *gallina ciega*. In einem zweiten Schritt werden dem Schüler spanische Instruktionen gegeben, um an einen bestimmten Zielort zu gelangen, etwa durch einen Parcours oder durch Hinweise wie „heiß / kalt", wie es beispielsweise beim Spiel „Topfschlagen" der Fall ist (z. B. *Tienes que ir todo recto hasta que llegues al pupitre del profesor.*). Es sollte unbedingt darauf geachtet werden, dass es zu keinen Verletzungen kommt.

5.8 Instrucciones auditivas

Lj. 1–3

 vorbereitete Dialogkarten oder Audiodateien

variabel

Um das Hörverstehen nachhaltig und spielerisch zu schulen, können bestimmte Einkaufssituationen mit Kleidungsstücken, Lebensmitteln oder Geschenkartikeln simuliert werden. Der Lehrer erstellt entweder Bild- bzw. Dialogkarten oder bringt Realia mit in den Unterricht. Er teilt die Schüler in verschiedene Gruppen ein und beauftragt sie, Gegenstände und Waren zu einem bestimmten Preis oder in einer bestimmten Menge zu erstehen, z. B. *Compra dos kilos de manzanas y tres botellas de agua sin gas.* Mithilfe eines tongestützten Mediums können ferner Instruktionen zum Nachmachen anregen. Hier können beispielsweise Tanzschritte oder Sportübungen angeleitet werden, z. B *Salta a la cuerda durante cinco minutos. Después haz siete sentadillas hasta que las rodillas formen un ángulo recto.*

6.1 Haiku

Lj. 3–5

 Papier, Plakat oder Poster, Prämie

 15 Minuten

Die Gedichtform „Haiku" stammt aus Japan und ist als spielerischer Einstieg in die spanische Lyrik geeignet. Er besteht aus drei Versen (erster Vers: fünf Silben, zweiter Vers: sieben Silben, dritter Vers: fünf Silben) und kann zu einem bestimmten Themengebiet angefertigt werden, z. B. zu *La vida de los gamines en Latinoamérica.* Die Schüler sammeln zunächst geeignete Substantive, Adjektive oder Verben und notieren sie. Die fertigen Haiku werden auf einem Plakat festgehalten und in einer Präsentationsphase den anderen Mitschülern vorgetragen. Das schönste Gedicht wird prämiert.

Beispiel: *Este destino*
triste como la muerte,
pero es real.

6.2 Comunicación silenciosa

Lj. 3–5

 großer Papierbogen, Prämie

 20 Minuten

Der Lehrer gibt ein kontroverses Thema vor (z. B. *¿Cómo sobrevivir en una isla desierta?*). Die Schüler bilden Vierergruppen. Innerhalb eines festgelegten Zeitrahmens halten sie alle Gedanken (z. B. Wörter, Symbole oder Phrasen) auf dem Papierbogen ihrer Gruppe fest. Es darf während der gesamten Erarbeitungsphase nicht miteinander gesprochen werden. Die Texte oder Phrasen der Mitschüler dürfen jedoch schriftlich kommentiert oder weitergeschrieben werden. Nach der Stillarbeitsphase werden die Ergebnisse im Plenum diskutiert und ausgewertet. Das Team mit dem besten Ergebnis erhält eine Prämie.

6.3 El caballo en la florería

 Karteikarten oder Zettel

 15–20 Minuten

Die Schüler erhalten vom Lehrer die Beschreibung einer fiktiven, absurden Situation (z.B. *El caballo en la florería, El burro en el campanario* etc.) und sollen sich diese kurz mit geschlossenen Augen bildlich vorstellen. Die Schüler müssen nun zehn verschiedene Erklärungen finden, wie es zu der geschilderten Situation gekommen sein könnte. Dabei schreiben sie jeweils abwechselnd eine Erklärung auf Spanisch und die folgende auf Deutsch auf ihre Karteikärtchen oder Zettel. Der Lehrer kann dazu beispielsweise den Gebrauch einer bestimmten grammatikalischen Form zuvor festlegen. Nach Ablauf eines Zeitlimits gehen die Schüler durch den Klassenraum und präsentieren sich gegenseitig ihre Hypothesen. Bei einer gleichen Vermutung, ob auf Deutsch oder auf Spanisch formuliert, kann das entsprechende Kartenpaar an die Tafel geheftet oder alternativ auf einem Platz abgelegt werden. Der Schüler, der die kreativste Idee vorstellt oder die meisten Karten abgelegt hat, hat gewonnen. Die Schilderungen können auch im Plenum präsentiert und prämiert werden. Anschließend kann die geforderte grammatikalische Form thematisiert werden.

Beispiel:

Está sediento.

Es denkt, es wäre der Stall.

Está comiendo las flores.

[…]

Postkarten

15 Minuten

Die Schüler erhalten vor den Schulferien die Aufgabe, ihren Mitschülern auf Spanisch eine Postkarte zu schreiben (entweder aus dem Urlaub oder dem Wohnort). In der ersten Spanischstunde werden nun alle Postkarten vom Lehrer eingesammelt. Ein Schüler liest die erste Karte vor. Die Mitschüler müssen nun erraten, wer der Verfasser der Grußkarte ist. Wer richtig rät, darf die nächste Karte vorlesen. Mögliche Fehler können thematisiert werden.

6.5 Dictado de pared

Lj. 1/2

geeignete Textgrundlage, Poster, Klebestreifen

variabel

Der Lehrer befestigt an den Wänden des Klassenraums mehrere Kopien der Textgrundlage. Die Klasse wird in kleinere Mannschaften aufgeteilt, die gegeneinander spielen. Jeder Mitspieler einer Gruppe darf jeweils einmal zum ausgehängten Text gehen und muss versuchen, sich so viel Text wie möglich korrekt zu merken und diesen auf dem Gruppenposter aus dem Gedächtnis aufzuschreiben. Hat er etwas vergessen, so muss der nächste Mitspieler an der Stelle weitermachen, an der der Text endet. Es gewinnt die Gruppe, welche am schnellsten den gesamten Text grammatikalisch und orthografisch korrekt wiedergegeben hat. Die Ergebnisse können mit dem Original abgeglichen werden. Es kann alternativ ein Gruppenmitglied in der Funktion des *revisor* bestimmt werden, der explizit nur auf Grammatik und Orthografie achtet, jedoch nicht selbst zur Textvorlage gehen darf.

6.6 ¿Qué pasó?

Lj. 3–5

Comic-Vorlagen, Plakate

15 Minuten

Der Lehrer bringt den Schülern Comics mit, die das Geschehen innerhalb der *viñetas* (Einzelbilder) in der falschen Reihenfolge darstellen und zudem über leere *bocadillos* (Sprechblasen) verfügen. Die Schüler erstellen daraus eine sinnvolle Geschichte und fügen den Text in die Sprechblasen ein. Es können auch weitere *viñetas* ergänzt werden. Die Ergebnisse werden auf ein Plakat geklebt und im Plenum präsentiert und diskutiert. Es gewinnt die Gruppe, welche das Geschehen am kreativsten und treffendsten dargestellt hat.

6.7 Colocación de letras

Lj. 1–3

vorbereitete DIN-A3-Karten mit jeweils einem Buchstaben des spanischen Alphabets

variabel

Die Klasse wird in zwei oder mehrere Teams aufgeteilt. Jedes Team erhält beliebig viele Alphabet-Karten, sodass jeder Schüler einen oder auch zwei Buchstaben erhält. Der Lehrer nennt ein Wort, z. B. *indignación*. Die Teammitglieder mit den entsprechenden Buchstabenkarten müssen sich nun schnellstmöglich in der korrekten Reihenfolge vorne aufstellen. Der Schwierigkeitsgrad kann hier durch die Wortlänge variieren. Ebenso denkbar sind kurze Phrasen oder das Erfüllen einer Aufgabe, bei der die Schüler in ihre Aufstellung eigenständig z. B. eine Präposition einfügen müssen.

6.8 Telégrafo

Lj. 1–3

 vorbereitete Begriffskarten

5–10 Minuten

Die Schüler werden in mehrere Gruppen eingeteilt und stellen sich in jeweils einer Reihe hintereinander auf. Ein Zeitlimit wird festgelegt. Die letzte Person jeder Reihe zieht am Lehrerpult ein Kärtchen mit einem Begriff und schaut es sich an. Auf ein Startsignal hin muss der Schüler mit dem Finger dem Schüler vor sich das gelesene Wort auf den Rücken schreiben, der es wiederum dem vor sich stehenden Schüler auf den Rücken schreibt usw. Der Kopf der Reihe schreibt das zu verstanden geglaubte Wort in die Tafelspalte seiner Mannschaft und der nächste Begriff darf gezogen werden. Es gewinnt die Mannschaft, die die meisten Wörter richtig verstanden und innerhalb des Zeitlimits aufgeschrieben hat.

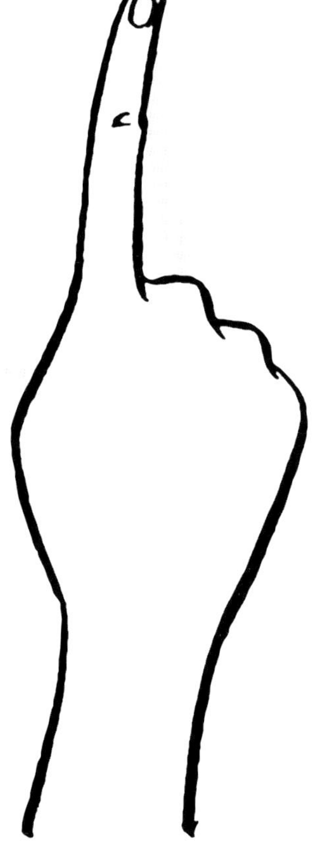

7.1 Una exposición

Lj. 1/2

Tisch, Realia

30 Minuten

Die Schüler erhalten den Auftrag, einen für sie besonderen Gegenstand in die Spanischstunde mitzubringen (z. B. Urlaubssouvenirs, Lieblingspuppen, Muscheln, Karten, Bilder etc.). Die Gegenstände werden auf einem zentral positionierten Tisch in der Mitte des Klassenzimmers gut sichtbar ausgebreitet. Alle Schüler platzieren sich um die „Exponate" und müssen nun reihum ihren Gegenstand den Mitschülern zeigen und erläutern, weshalb er ihnen viel bedeutet und deshalb in einer Ausstellung Platz findet.

7.2 Actuar – dibujar – explicar

Lj. 2–4

vorbereitete Begriffskärtchen und Würfel (auf je zwei Seiten mit den Begriffen: *actuar, dibujar, explicar* beschriftet)

15 Minuten

Die Klasse wird in zwei Teams geteilt. Ein Schüler jeder Gruppe zieht aus dem Stapel der Lehrkraft ein Kärtchen mit einem Begriff. Nun würfelt der Schüler und muss diesen Begriff entweder vorführen (*actuar*), zeichnen (*dibujar*) oder mit eigenen Worten erklären (*explicar*). Das Team, das die meisten Begriffe errät, hat gewonnen. Ein zusätzliches Zeitlimit erhöht die Spannung. Alternativ kann auch im gesamten Klassenverband gespielt werden.

vorbereitete Begriffskarten, Stopp- / Sanduhr

20 Minuten

Der Lehrer bereitet Spielkarten vor, auf denen jeweils ein Oberbegriff (z. B. *Paella*) und fünf dazu passende Unterbegriffe (z. B. *maíz, cazuela, comida, mariscos, tradicional*) stehen. Die Klasse wird in Gruppen eingeteilt, die gegeneinander spielen. Der zeitliche Rahmen wird mithilfe einer Stopp- oder Sanduhr geregelt. Jeweils ein Schüler aus jeder Gruppe nimmt eine Spielkarte vom Stapel und muss den Oberbegriff schnellstens seiner Gruppe erklären, ohne die fünf Unterbegriffe zu benutzen. Ein Gruppenmitglied der gegnerischen Mannschaft kontrolliert die Einhaltung dieser Regel. Für jeden erratenen Oberbegriff bekommt die Gruppe einen Punkt und darf bis zum Ablauf der Uhr weitere Karten vom Stapel aufnehmen, bevor die andere Mannschaft an der Reihe ist. Die Gruppe mit den meisten Punkten gewinnt.

Beispiel:

Mallorca
Ballermann
turistas
alemanes
isla
catalán

7.4 Conecta 4®

Tafel

20–30 Minuten

Dieses Spiel lehnt sich an das klassische „Vier gewinnt®“ an. Die Klasse wird in zwei Teams geteilt (Grupo A – Grupo B). An der Tafel zeichnet der Lehrer ein in 4×4 Felder geteiltes Raster und füllt die Felder mit lexikalischen oder grammatikalischen Inhalten. Die beiden Teams müssen versuchen, sich Feld für Feld vorzuarbeiten und mit den gegebenen Begriffen (hier Verben der Vergangenheitstempora *indefinido* und *imperfecto*) korrekte Sätze zu bilden. Gelingt es ihnen, innerhalb von 20 Sekunden eine korrekte Antwort zu liefern, so dürfen sie in das Feld ihr Symbol (**X** oder **O**) eintragen. Bei einer falschen Antwort oder bei Ablauf der Zeit wird zur anderen Gruppe gewechselt. Die Antworten werden von der jeweils anderen Gruppe auf ihre Korrektheit überprüft. Der Lehrer kann ebenfalls korrigierend eingreifen. Es gewinnt die Gruppe, die ihre Symbole entweder horizontal, vertikal oder diagonal miteinander verbinden kann. Bei einem Unentschieden oder einer gegenseitigen Blockade kann eine weitere Entscheidungsfrage gestellt oder eine neue Runde gespielt werden.

<u>Beispiel:</u>

O	X	***fui***	***hice***
era	***salió***	O	***sabía***
condujisteis	O	***dijiste***	X
X	***vino***	O	***hablamos***

7.5 Cita rápida

Lj. 2/3

vorbereitete laminierte Karteikärtchen mit fiktiven Personen, Glocke/Gong, Stoppuhr

12 Minuten

Jeder Schüler erhält vom Lehrer ein Kärtchen, auf dem eine fiktive Person mit Farbfoto (*aspecto físico*) abgebildet und weiteren Daten beschrieben ist (z. B. *nombre, edad, lugar de residencia, aficiones, trabajo* etc.). Die Verteilung der Geschlechter ist in dieser spielerischen Speeddating-Situation nachrangig, sodass auch Jungen Frauen darstellen können oder Mädchen Männer. Nachdem sich jeder Schüler seine Person angeschaut hat, muss er versuchen, einen passenden Partner zu finden. Dazu sitzen sich alle Schüler an ein bis zwei langen Tischreihen gegenüber. Jeder Schüler stellt sich seinem Gegenüber eine Minute lang vor. Nach einem Gongschlag rücken die Schüler einer Reihe einen Platz auf, während die Schüler der anderen Reihe sitzen bleiben. Die Vorstellungsrunde beginnt von vorn. Dies wird so oft wiederholt, bis sich am Schluss alle kennengelernt haben. Am Ende muss jeder entscheiden, wen er näher kennenlernen will, und begründet seine Entscheidung.

7.6 La silla caliente

Lj. 3–5

keines

15–20 Minuten

Die Schüler bilden mit ihren Stühlen einen offenen Halbkreis. In die Mitte wird ein Stuhl gestellt, auf dem ein zufällig ausgewählter Schüler Platz nimmt. Die sich im Stuhlkreis befindenden Schüler dürfen nun je eine Frage stellen. Möchte der Schüler in der Mitte sie nicht beantworten, so verweist er auf den nächsten Mitschüler. Es empfiehlt sich, zu einer kontroversen Fragestellung (z. B. *El narcotráfico en México*) zuvor fiktive Rollen (z. B. *Un traficante de drogas, Un agente de policía, El presidente* etc.) auszuarbeiten, um den persönlichen Raum eines jeden Schülers zu wahren. Derjenige mit den besten und schlagfertigsten Argumenten kann als Gewinner gekürt werden.

7.7 Juego de rol

 vorbereiteter Tandembogen

variabel

Die Schüler erhalten einen vom Lehrer konzipierten Tandembogen und arbeiten in Partnerarbeit. Beide Schüler (A und B) unterhalten sich mithilfe der auf dem Bogen geschilderten Situation (z. B. *En el aeropuerto, Hacer las compras* etc.) und müssen ggf. Lücken ergänzen oder nicht konjugierte Verbformen in die richtige Zeitform (z. B. *Pretérito perfecto*) setzen. Es empfiehlt sich, die Gesprächssituationen weiterschreiben und/oder diese anschließend im Plenum vorspielen und auswerten zu lassen.

Beispiel:

Hoja Tándem A	**Hoja Tándem B**
Por la noche, quieres hablar sobre tu día con tu compañero/a de clase por teléfono. Completa las frases con las formas correctas del pretérito perfecto. Tu compañero/a tiene las soluciones y te va a controlar. ¡Después cambiad los roles!	*Por la noche, quieres hablar sobre tu día con tu compañero/a de clase por teléfono. Completa las frases con las formas correctas del pretérito perfecto. Tu compañero/a tiene las soluciones y te va a controlar. ¡Después cambiad los roles!*
Hola, amigo/a. ¿Cómo estás? ¿__________ (estar, tú) en el centro hoy?	Hola, amigo/a. ¿Cómo estás? ¿**Has estado** (estar, tú) en el centro hoy?
Hola. Estoy bien. Sí, **he ido** (ir, yo) al centro hoy y **me he encontrado** (encontrarse, yo) con Laura allí. ¿Qué **has hecho tú** (hacer, tú) hoy?	Hola. Estoy bien. Sí, __________ (ir, yo) al centro hoy y __________ (encontrarse, yo) con Laura allí. ¿Qué __________ (hacer, tú) hoy?

7.8 Plaza de abastos

vorbereitete Begriffskärtchen

15 Minuten

Die Schüler erhalten vom Lehrer Kärtchen, auf denen drei (oder mehr) Begriffe stehen. Alle Karten zeigen Begriffe (z. B. *lugar, profesión, mercancía* etc.), die im Zusammenhang mit dem zu behandelnden Oberthema (hier: *El mercado*) stehen. Die Aufgabe besteht darin, dass die Schüler sich untereinander auf dem fiktiven Marktplatz austauschen und herausfinden müssen, zu welcher Gruppe von „Händlern" sie gehören. Das gezielte Fragen mithilfe von vorgegebenen Verben (z. B. *ser, vender, tener*) gibt eine Orientierung zur Fragen- und Antwortformulierung (*¿Vende usted frutas?*). Es bilden sich am Ende der Simulation, je nach vorbereitetem Kartensatz, fünf oder mehr Gruppen heraus.

Beispiel:

7.9 De memoria

Lj. 1–3

 vorbereiteter Text

 variabel (je nach Textlänge)

Der Lehrer schreibt einen längeren Text (z. B. Dialog, Gedicht, Zitat etc.) an die Tafel. Der gesamte Text wird mit der Klasse im Chor nachgesprochen und dabei auf korrekte Intonation und Aussprache geachtet. Der Lehrer wischt Teil für Teil des Tafelanschriebs weg, sodass die Schüler aus dem Gedächtnis heraus wiedergeben müssen, was dort zuvor gestanden hat. Alternativ können einzelne Worte (z. B. Präpositionen, Adjektive etc.) oder ganze Passagen nach und nach wegfallen.

7.10 Tres filas

Lj. 1–5

 vorbereitete Fragen zum Vokabular

 10 Minuten

Die Klasse wird in drei gegnerische Mannschaften geteilt. Die Teams stellen sich hintereinander vor dem Lehrerpult auf. Der Lehrer stellt den drei vordersten Schülern eine Vokabelfrage, z. B. *¿Qué significa* aussteigen *en español?*. Wer zuerst die richtige Antwort auf die Frage gibt, darf sich wieder hinten anstellen. Die übrigen beiden müssen die nächste Runde abwarten. Es gewinnt das Team, bei dem zuerst alle Schüler dran waren und das wieder in der Ausgangsaufstellung steht.

7.11 ¿Qué hora es?

 keines

 5–10 Minuten

In diesem Spiel werden die spanischen Uhrzeiten (volle, halbe und Viertelstunde) eingeübt und gefestigt. Die Klasse wird vom Lehrer in kleinere Gruppen eingeteilt. Ein Schüler jeder Gruppe stellt pantomimisch eine beliebige Uhrzeit dar. Hierbei entspricht der rechte Arm mit geballter Faust dem Stundenzeiger, der linke Arm mit ausgestrecktem Zeigefinger dem Minutenzeiger. Wer die Uhrzeit richtig liest, z. B. *Son las once menos cuarto*, darf eine weitere beliebige Uhrzeit darstellen und erraten lassen. Die darzustellenden Uhrzeiten können auch von Kärtchen gezogen werden.

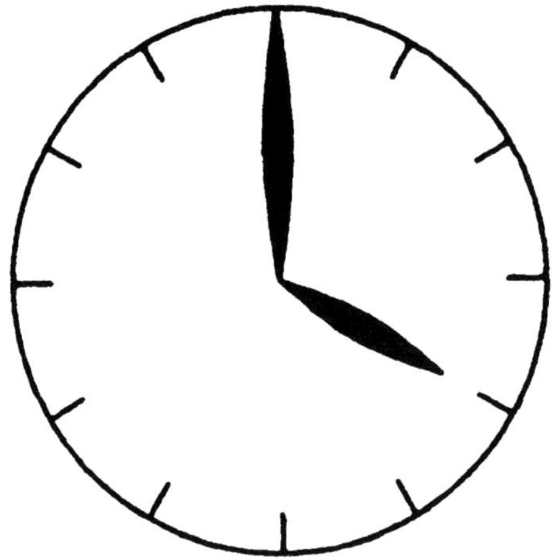